AF349535

LA
VÉRITABLE RÉPUBLIQUE

APPEL

AUX HOMMES DE BON SENS.

Par L'HÉRITIER DE BRUTELLE,

AVOCAT.

PRIX : 50 Cent.

DUPONT (de l'Eure)..... avant tout
Séance du 24 Février.

HAVRE

Chez tous les Libraires.

1848

IMPRIMERIE F. HUE, RUE DE PARIS.

LA VÉRITABLE RÉPUBLIQUE

APPEL

AUX HOMMES DE BON SENS.

Les circonstances où nous à placés le hasard d'une révolution, consommée en quelques jours, sont graves ; le moment est venu, pour la France, de reconstruire sur de nouvelles bases l'édifice social, miné depuis longtemps jusque dans ses fondements. En ce moment de crise, il est du devoir de tout bon citoyen de se dévouer pour le salut de tous, et de s'associer personnellement à l'œuvre qui se prépare.

Un vote solennel, auquel sont appelés tous les Français, sans exception, et dont le résultat doit décider de l'avenir de notre pays, va, dans quelques jours, nous faire connaitre dans quelles mains cet avenir sera remis.

Dieu veille sur la France ; mais, pour nous rendre dignes de sa protection toute puissante, nous devons, de notre côté, nous diriger, dans cette grande affaire du salut de tous, d'après les principes qui règlent notre conduite dans les affaires qui ne touchent que notre intérêt privé. Lafontaine nous l'a dit :

> Si quelqu'affaire t'importe,
>
> Ne la fais point par Procureur

Nous ne pouvons tous être membres de l'Assemblée Nationale, mais nous pouvons tous, et nous devons tous surtout, concourir de tous nos moyens, de toute notre puissance, à la nomination des membres de cette Assemblée qui doit régler nos destinées. Nous devons apporter à ce grand acte de souveraineté, que nous allons exercer, toute la réflexion, toute la maturité qu'il réclame de chacun de nous.

Aux hommes d'avenir et d'intelligence, la noble candidature. A eux la grande et belle mission de concourir activement aux lois qu'ils vont constituer la véritable Nationalité Française. Heureux, trois fois heureux, ceux qui comprennent bien tout ce qu'une telle mission a de grand, de sublime, et qui se sentent l'énergie nécessaire pour la remplir.

Pour nous, hommes des temps passés, nous qui ne pouvons participer, que par un simple vote, aux grands événements qui se préparent, nous réduits à être simples spectateurs de la régénération nationale, nous avons un devoir à remplir, celui d'offrir à nos concitoyens le résultat de nos méditations et les conseils de notre expérience.

Nous avons acquis, trop souvent à nos dépens, l'expérience des hommes et surtout des Révolutions. Toutefois, loin de nous la pensée de vouloir imposer à personne des idées que nous avons muries dans le silence du cabinet. Qu'importe que nous nous trompions dans l'expression de nos sentiments, si nos paroles peuvent développer des idées meilleures ou plus fécondes.

Notre voix est bien faible et n'a pas un grand retentissement, cependant elle n'est pas totalement inconnue ici ; déjà elle s'est fait entendre pour prédire aux habitants de cette cité, la grande et belle destinée que l'avenir lui prépare. Le moment est venu de réaliser les rêves de notre imagination. Cet avenir du Havre, cet avenir surtout de la France, beaucoup de trembleurs égoïstes ne l'entrevoient aujourd'hui, que gros d'orages et de tempêtes. Pour nous, pour tous ceux qui se confient dans le bon sens national, pour tous ceux qui pensent que l'immense majorité des habitants de ce beau pays sont français, vraiment français de cœur, l'avenir apparaît sous de moins sombres couleurs. La crise commerciale passera, le calme renaitra, mais il faut que chaque citoyen concoure au salut général.

Plus de tiédeur, plus d'indifférence ; surtout plus de ce honteux égoïsme qui dessèche et flétrit les ames ! Aujourd'hui ces sentiments seraient criminels, ils seraient absurdes : l'intérêt particulier n'est-il pas confondu dans l'intérêt général ; notre sort n'est-il pas identifié avec le sort commun ? Quel citoyen peut rester étranger aux événements qui se préparent autour de nous ?

Le soulèvement d'un grand peuple a renversé en quelques instants et pour toujours le trône et les dynasties : une révolution préparée de longue main, même par ceux qui devaient le plus redouter ses terribles effets, une révolution, rapide comme la foudre, a déchiré tout à coup le bandeau qui couvrait nos yeux ; nous avons vu l'abime ouvert sous nos pas, le désordre de nos finances, ce gaspillage gouvernemental que nous signalions depuis longtemps ; le crédit public anéanti ; les ressources du trésor dissipées ; enfin, pour combler toutes les misères, le déficit apparaissant avec son hideux cortège. Voilà ce qu'une révolution de quelques heures nous a révélé. Voilà notre position dans toute sa déplorable réalité.

Ajoutons à cela, l'anéantissement presque complet du commerce, la disparition du numéraire, le manque absolu de confiance, qui paralysent, qui rendent impossibles toutes les transactions ! Et ce n'est pas seulement au Havre que cette crise violente se fait sentir, c'est à Rouen, c'est à Paris, c'est d'un bout de la France à l'autre !

Tableau désolant ! Perspective horrible. Ah ! faut-il donc désespérer de notre pauvre France ? Faut-il pleurer sur ces misères, sans aviser aux moyens de les soulager, sans chercher dans l'excès de nos maux le remède qui doit les guérir ? Non, Français, non ! la France ne doit pas périr. Il est un moyen, un seul, de nous sauver : un seul. Réveillons dans nos ames le sentiment qui existe dans tous les cœurs généreux, cet élan d'un vrai patriotisme. Unisons-nous tous pour le salut commun ; oublions nos intérêts personnels, absorbons-les dans l'intérêt général. N'ayons qu'un seul désir, qu'une seule pensée, ne formons qu'un seul vœu : le salut de tous. Confondons tous nos sentiments dans celui de cette grande nationalité française, qui vient de se réveler d'une manière si providentielle aux yeux de l'Europe étonnée! Du patriotisme! du patriotisme! tout est là! Allumons-le ce feu divin, ce feu générateur, qui soutient sur le bord de sa tombe notre vénérable Dupont (de l'Eure), ce prototype de toutes les vertus civiques, ce grand citoyen dont tous les vrais français ne prononcent le nom qu'en s'inclinant dans une respectueuse admiration.

L'avez-vous entendu, amis, ce premier cri sorti des masses populaires encore haletantes du combat, et dans tout l'enivrement de la victoire, au moment de constituer le Gouvernement provisoire, l'avez-vous bien compris ce cri spontané parti de toutes les bouches, comme la véritable expression de tous les sentiments : *Dupont (de l'Eure) avant tout!!*

Oh! oui, honneur, cent fois honneur, au bon sens du peuple qui a proclamé tout d'abord ce grand principe de notre Révolution : *Dupont (de l'Eure) avant tout!* C'est-à-dire le patriotisme, le désintéressement, l'amour de l'ordre, le courage civique, la probité! Tout cela se résume dans ces quelques mots. Qu'ils signalent donc notre jeune République, telle que tous les bons citoyens la comprennent, telle qu'ils la sentent, telle qu'ils la veulent, telle qu'ils parviendront à la fonder sur le sol Français.

Amour sacré de la patrie! mots magiques qui bercèrent notre enfance ; premiers accents que nos oreilles ont recueillis, que notre bouche a balbutiés! Ah! pourquoi le ciel a-t-il permis qu'ils soient si longtemps profanés? Ils reparaissent avec l'étendard national, sachons donc enfin les comprendre, que nos ames se pénètrent bien de leurs divines influences!

Nos pères ont eu bien des peines, bien des misères, mais leur patriotisme nous a sauvés. Au sein de l'anarchie, des horreurs de la guerre civile, envahis sur bien des points par l'ennemi, ils n'ont jamais désespéré du salut de la Patrie. C'est leur sang, leurs larmes qui ont fécondé ces champs où nous devons moissonner. Ah! frères, tàchons de lui rendre et de lui conserver cette fécondité qui leur a tant coûté.

Longtemps battu par la tempête, le navire entrevoit enfin le phare protecteur qui signale le port du salut. Des hommes sages à la barre! après soixante ans de tourmente, encore quelques instants et nous entrerons enfin dans le port si ardemment désiré.

La République est proclamée, en principe du moins, car personne n'a encore le droit de devancer la décision qui sortira de l'Assemblée Nationale, formée des votes de tous les citoyens. La République est proclamée par le Gouvernement provisoire. Dans peu de jours elle le sera par nos mandataires, d'une manière définitive; mais déjà nous nous pouvons nous rallier franchement, tous de cœur, tous sans arrière pensée, sous son brillant étendard. Beaucoup d'entre nous ne la proclament que du bout des lèvres, nous ne la voyons encore qu'à travers les horreurs qui ensanglantèrent son berceau. Osons l'envisager sous son véritable aspect; osons-nous confier dans l'avenir de félicité qu'elle nous promet, qu'elle seule peut désormais nous assurer. Oublions ces jours de deuil et de calamités: ne conservons de souvenir que celui des grandes choses qui ont consolé la France dans ces temps d'épreuves et de misères. Les circonstances ne sont plus les mêmes pour nous que pour nos pères. Le monde a marché depuis lors; et l'influence progressive de notre pays, placé en tête de la civilisation moderne, n'a pas peu contribué au développement de l'intelligence des autres nations.

Pour nous rassurer complétement , amis , portons nos regards sur ce demi-siècle qui nous sépare de la première République.

Au moment où l'homme, que la Providence semblait appeler à être le WASHINGTON de la France, apparut sur la côte de Provence, au retour d'une expédition lointaine, nous saluâmes de nos acclamations le grand BUONAPARTÉ, comme nous l'appelions alors, nous portâmes sur le pavois ce glorieux citoyen que tout un peuple proclamait *le Sauveur de la France et de la Liberté.*

Entré au pouvoir par un de ces actes que l'histoire a jugé, (acte que l'on excusait presque alors, car il nous sauvait de l'anarchie, mais qui déjà faisait pressentir aux hommes éclairés, l'anéantissement de toutes nos libertés). Bonaparte, premier Consul, fut grand, vraiment grand. Premier citoyen de la Nation que son génie puissant avait arrachée au désordre, il soutenait la gloire de notre pays par une grande victoire, il fondait l'ordre sur des lois admirables à la rédaction desquelles il s'est associé ; il rouvrait nos temples, il nous donnait la Paix, une Paix glorieuse! Alors la France pût se croire un moment une véritable République. Le commerce se relevait, le crédit se rétablissait... Nous allions être heureux.... Ce calme n'était que passager. Le moment n'était pas encore arrivé pour nous. La guerre se ralluma. Une avalanche de victoires s'amoncela sur nos libertés, le despotisme impérial vint se cacher sous une auréole de gloire et nous perdîmes, dans l'ivresse de nos triomphes, jusqu'au sentiment de nos droits. Nous nous proclamions partout la Grande Nation : mais nous pleurions tout bas nos frères entraînés sur des contrées lointaines et arrosant de leur sang ces triomphes dont nous étions si vains.

Enfin, saturés de gloire, écrasés sous le despotisme du sabre, à bout de sacrifices, le jour des revers se leva sur nos têtes. Nous laissâmes tomber l'idole que nous avions encensée. Un élan généreux voulait écarter du sol de la patrie l'Étranger qui l'envahissait, mais, nos forces vitales étant epuisées, que pouvait le patriotisme local contre ces hordes de barbares qui se ruaient sur nos provinces? La trahison, l'infame trahison, nous avait vendue, il fallut céder en frémissant. Une double invasion, désola notre France, on lui fit payer cher sa gloire et ses triomphes. Notre sol fut morcelé par l'étranger, nos trophées dispersés, tout perdu; tout anéanti, tout, fors la Gloire, fors l'Honneur !

Nous avons vu ces temps de désolation, nous avons eu notre part de ces grands désastres, et, au milieu de cette prostration complète de notre patrie, nous étions fiers encore; nous relevions la tête devant l'Étranger. Nous étions patriotes. Plus notre France était malheureuse, plus nous l'aimions. Nous avions foi dans l'avenir. Nous étions Français. Nous avions la conscience profonde que la France ne devait pas périr. Nous pleurions, mais nous espérions !

Au milieu de cet anéantissement de notre nationalité, l'Étranger nous imposa la légitimité. Quelques uns s'y ralièrent comme à un ancre de salut dans ce grand naufrage. Peut-être eut-elle pu vaincre des répugnances trop naturelles : Un calme apparent semblait renaître : les richesses de notre sol fécond avaient en peu d'années réparé des pertes qui devaient absorber à jamais notre prospérité : la France voulait croire au bonheur, mais elle était gouvernée par des princes qui ne pouvaient la comprendre, et qui, comme on le disait alors, n'avaient rien oublié, rien appris. Quinze ans, nous avons gémis sous ce gouvernement rétrograde qui nous enlevait une à une toutes nos libertés et n'avait pas même à nous donner le bonheur que nous lui demandions. Les idées libérales s'étaient réveillées à l'ombre de ce despotisme misérable; les sentiments républicains se répandaient dans les masses populaires. Enfin, le flot se souleva et nous balayâmes, en trois jours, trois générations de rois.

Que faire en ce moment solennel? Quelques citoyens voulaient dès lors proclamer la République, mais les temps n'étaient pas encore accomplis : l'heure du vrai triomphe n'avait pas sonné. Un homme se présenta à nous: bon citoyen, respectable père de famille. Il nous dit avec le ton de la franchise et de la bonhommie: « Mes chers camarades, vous voulez
» la République; quoique né près du trône, je la veux
» aussi, je connais les besoins du peuple, je respecte
» ses droits, je suis des vôtres, j'ai eu ma part de
» vos malheurs, de vos gloires,

> Je suis Souris, vivent les Rats,
> Jupiter confonde les Chats! »

Pauvres aveugles! nous l'accueillîmes, nous le fêtâmes avec transport. Nous possédions la meilleure des Républiques, nous faisions un Roi citoyen. Plus de liste civile, plus de favoritisme, plus d'abus! Hélas! hélas! quelques mois ont suffi pour dessiller nos yeux, et pour nous montrer par une nouvelle expérience que les Rois se ressemblent tous.

Dix-huit ans, nous avons pataugé dans cette fange d'égoïsme et de corruption. Enfin, le jour des vengeances est arrivé, la foudre républicaine, qui grondait depuis longtemps, a frappé une dernière fois sur le Louvre et tout a disparu comme une ombre fugitive. Le pauvre monarque a fui sur la terre étrangère, seul, sans amis, sans consolateur. Repoussé par les mépris du peuple, qu'il a si indignement trompé, il n'emporte dans son exil, de tous ses trésors, que la honte de sa défaite Tous ses serviteurs si dévoués, ces vils flatteurs qu'il enrichissait à nos dépens, ces pairs, ces députés, ces fonctionnaires qui devaient mourir pour défendre le trône ; où sont-ils ? où sont-ils ? Eh ! ne les voyez-vous pas se ruer dans les antichambres de nos ministres populaires ;

ne les entendez-vous pas coasser sous leurs pieds? ils ont sauvé la France... La Liberté, c'est leur idole; la République, ils la portent dans leurs cœurs! A eux les places, à eux les honneurs !

Honte. opprobre sur ces vampires! mais le mépris de tous a déjà fait justice de ces dévouements perfides, de cette curée avilissante.

Les trônes sont brisés, brisés pour jamais, leurs cendres volent dans les airs au pied de la colonne populaire. Bientôt s'accomplira la prédiction de notre chansonnier prophète. Bientôt

> La France en paix, reposant sur sa gloire,
>
> Fera l'aumône au dernier de ses Rois.

Mais, après tant de déceptions, après tant d'expériences désastreuses, sous quel étendard nous ralierons-nous pour sauver la Patrie, pour la préserver de l'anarchie.

Un seul nous reste, un seul, la République. Elle se réveille après un long sommeil, elle apparaît belle et radieuse. Lisez ces mots écrits sur sa bannière :

LIBERTÉ, ÉGALITÉ, FRATERNITÉ !

Liberté. — C'est le droit assuré à chacun de nous de vivre heureux et paisibles sur le sol Français : Le droit assuré à tous les citoyens, à tous, comprenez bien, de prendre sa part des biens qu'un Gouvernement équitable répandra sur la Nation : La Liberté, qu'il ne faut pas confondre avec la Licence. c'est le droit garanti à tout citoyen d'émettre sa pensée, de professer ses opinions, son culte, de se livrer en toute sécurité au développement de ses capacités, de son intelligence, de ne reconnaître d'autre souverain que la loi, mais la loi qu'il se sera faite par l'organe de mandataires librement choisis.

Egalité. — Est-il besoin de définir ce mot si beau dans sa simplicité Elle s'établit d'elle-même aujourd'hui cette égalité. Plus de privilèges, plus de castes, plus de nuances entre les citoyens que celle du talent, du savoir. de l'intelligence. Elles tendront à s'effacer de plus en plus, à mesure que le véritable système de l'éducation aura secoué le joug de la routine et des préjugés. Egalité de droits, de devoirs. La loi seule au-dessus de tous.

Fraternité. — Citoyens d'une même patrie nous sommes tous enfants de la France, et comme tels nous devons nous aimer en frères, nous devons la respecter, la chérir comme notre mère. Riches, pauvres, puissants, obscurs nous sommes tous frères. Vivons donc unis, plus de désordres, plus de haines, un seul parti, un seul drapeau, celui de notre belle France. Fraternité, lien indissoluble qui nous rendra forts contre tous nos ennemis !

Mais pour nous emparer une bonne fois de cet avenir de prospérités promis à notre Patrie ; pour mettre enfin notre force, nos droits de peuple libre à l'abri de toute atteinte ; pour nous garantir désormais de toute surprise ; n'oublions pas que tout cela dépend, en ce moment suprême, de notre zèle et de notre patriotisme. Nous sommes tous appelés, tous sans exception, à concourir au grand œuvre de la régénération. Entrons, sans hériter, entrons, avec confiance, dans ce mouvement électoral qui est pour beaucoup d'entre nous une existence nouvelle. Qu'aie besoin de vous y exciter ? Grâce au Ciel l'impulsion est donnée, le concours unanime.

Dans cette cité ordinairement si calme sur les questions politiques, une agitation insolite se produit dans toutes les classes, à l'approche du jour des élections. Une même préoccupation absorbe toutes les préoccupations que la crise commerciale avait fait naître. Cette effervescence patriotique à laquelle nous ne sommes pas encore accoutumée, c'est la sève qui serpente dans les fibres de l'arbre pour étendre ses rameaux; pour assurer sa fécondité : c'est la vie dans la vie.

Ce mouvement du peuple, naguère si paisible, si indifférent, en apparence, sur les choses de la politique, nous fait voir qu'il a compris ses devoirs de citoyen, qu'il entend se prévaloir des droits qu'il a reconquis. On voulait nous persuader qu'il avait donné sa démission. Mais non ! il ne l'a pas donnée, espérons qu'il ne la donnera jamais. Membre de la grande famille il a compris, pour ne plus l'oublier, il a compris que, dans l'ordre social tel que nous l'avaient fait les privilèges, on voulait lui enlever sa place aux comices de la Patrie. Il vient la reprendre. Pressez-vous, mes beaux Messieurs, pressez-vous : place à la majorité, place à la véritable Nation !

Électeurs du cens, que vous demande-t-il donc le peuple que vous repoussiez hier, ce peuple dont vous redoutiez tant les exigences? Vient-il vous enlever les fruits de votre travail ; vient-il s'asseoir aux banquets de votre opulence? Non! Il ne réclame que la part qui lui est due dans le superflu de la richesse commune ; il demande qu'on améliore la position du pauvre, qu'on lui garantisse les fruits de son travail; il proteste contre toute inégalité de droits et de devoirs. Ses titres sont incontestables, ils sont sacrés, ils sont imprescriptibles. Il veut qu'ils soient représentés à l'Assemblée Nationale qui va prononcer sur le sort de tous les Français.

Loin de la pensée de tout bon citoyen, l'idée de s'effrayer de l'ouverture de ces clubs qui se forment sous nos yeux. Ils sont les premiers indices de la nouvelle existence politique à laquelle nous naissons tous; ils signalent les premiers pas dans la vie civique de tous ces prolétaires, naguère exclus de l'héritage, naguère privés du droit de concourir à la formation du système gouvernemental.

Quelques prétentions exagérées ont surgi dans les premiers élans de cette grande manifestation : mais elles disparaissent déjà devant le bon sens de l'immense majorité. Ecoutez ces honnêtes ouvriers, ces ci-devant Parias de l'élection; écoutez ces hommes si rudes en apparence, mais dont le cœur est droit et le sens juste, écoutez-les ces hommes dont la voix s'élève et domine le tumulte et le bouhaha de la tourbe frémissante; entendez-les s'expliquer entr'eux et faire comprendre, à ceux qui les entourent, les droits et les devoirs de tous. Vous admirerez ce bon sens populaire qui n'a, pour ainsi dire, pas besoin qu'on l'éclaire sur les véritables intérêts nationaux, qui semble les saisir par les seules facultés instinctives de sa simple raison.

Ayons donc pleine confiance que la grande majorité des choix qui vont sortir de ces réunions, encore si bruyantes, si tumultueuses, n'aura rien d'hostile au maintien de l'ordre et de la tranquillité; rien de contraire à la sagesse de nos institutions futures.

Personne ne le conteste, notre organisation sociale, telle que nous l'avaient faite les élus du privilège, est vicieuse dans bien des points : notre édifice législatif demande à être rebâti presqu'en entier ; il appelle des mains habiles, pour asseoir, pour consolider ses fondemens. Mais, avons la bonne foi de l'avouer, ce n'est pas à nous, à nous qui avons vieilli sous un régime d'abus de toutes natures, ce n'est pas à nous qu'il est réservé de porter le niveau réformateur sur ces abus que nous apercevons à peine; ce n'est pas à nous qu'il appartient de travailler à la grande refonte de tout le système.

Laissons à ces ames jeunes, à ces intelligences vierges encore, à ces cœurs généreux que la corruption n'a pas encore flétris, laissons leur le soin de préparer l'avenir de la France. Que notre intervention se borne à les aider des conseils de notre expérience; à les soutenir dans l'accomplissement de la mission que nous allons confier à leur patriotisme.

Notre terre de France, si féconde en hommes de

talent, n'a pas encore épuisé toutes les richesses qu'elle renferme dans son sein. L'élection populaire va nous la révéler. Que de noms, aujourd'hui inconnus, vont nous apparaître dans la nouvelle assemblée et vont y manifester une intelligence et des capacités qui n'attendaient qu'une sphère assez vaste pour y déployer tout leur éclat. Les progrès, les pas de géant que nous avons faits depuis un demi-siècle dans l'Industrie, dans les Arts, dans les Sciences, nous présagent ceux qui sont encore réservés à notre admiration.

Dans la génération qui nous succède, il y a, n'en doutons pas, des Barnave, des Mirabeau, des Monge, des Dumoulin. Efforçons-nous de les deviner, de les produire en les envoyant à l'Assemblée Nationale. Surtout, écartons de l'élection ces protées politiques, ces caméléons de toutes les nuances, ces hommes sans principes, sans conviction; qu'ils rentrent dans la bourbe d'où l'élection du privilège les avait tirés. Ils ne voient dans le mandat qu'ils sollicitent, qu'un marche-pied pour leur ambition, qu'une proie pour leur insatiable cupidité.

A vous, hommes éprouvés dans nos luttes parlementaires! A vous, généreux citoyens, dont le patriotisme est resté pur et sans taches au milieu de la corruption; à vous, surtout, hommes nouveaux de toutes les classes; à vous dont le cœur palpite au nom de patrie, dont l'ame ne connaît d'autre mobile que le civisme et la vertu. A vous seuls l'entrée du temple où nos suffrages vont vous appeler.